UN MOT
SUR LA CHARTE

ET LE

GOUVERNEMENT REPRÉSENTATIF,

PAR M. LE COMTE DE F.... P....

AUTEUR DU NOUVEAU DICTIONNAIRE FRANÇAIS.

> La Monarchie constitutionnelle est un sentier extrêmement étroit, bordé d'un côté par la République, et de l'autre par le Despotisme.
>
> *(Page 11.)*

PRIX 50 CENTIMES.

IMPRIMERIE PORTHMANN,

RUE Ste.-ANNE, N°. 43, VIS-A-VIS LA RUE VILLEDOT.

29 FÉVRIER 1820.

CHEZ {
PORTHMANN, rue Sainte-Anne, n°. 43 ;
DENTU,
PÉLICIER,
} Libraires, au Palais-Royal.

LE NOUVEAU DICTIONNAIRE FRANÇAIS,

Volume in-8°. de 600 pages,

8 FRANCS et 10 FRANCS PAR LA POSTE.

UN MOT

SUR LA CHARTE

ET

LE GOUVERNEMENT REPRÉSENTATIF.

En 1814, cette Charte, monument éternel de la clémence et de la bonté du Roi, avait rassuré les ennemis du Gouvernement légitime. Ils étaient loin de s'attendre à un traitement aussi doux, lorsqu'ils avaient encouru toutes les peines ; les hommes comblés de grâces étaient résignés à perdre leurs emplois et leurs richesses : il n'était pas un maréchal de France qui n'eût renoncé à cette dignité et signé de grand cœur son acceptation pour le grade de lieutenant-général, conféré par le Roi.

Aujourd'hui ils ne conviendraient pas du fait, qui n'en serait pas moins vrai; je ne cesserai de le répéter: S. M. ne devait RIEN à des hommes qui avaient combattu *contre* lui , non pas pour la France , mais pour un *seul* homme qui l'avait courbée sous un joug de fer. Chacune de leurs victoires affermissait le despote , et consolidait la tyrannie. Avaient-ils donc quelques droits à recevoir des récompenses de ceux qu'ils n'avaient pas servis ? Ne confondons pas Bonaparte avec la France , comme on voudrait le faire ; leurs intérêts étaient si peu les mêmes , que l'une n'a respiré que par la chûte de l'autre ; au lieu qu'à présent la France ne sera heureuse que par le bonheur de son Roi. Voilà ce qui constitue la prodigieuse distance qui sépare le Souverain légitime de l'usurpateur : celui-ci est toujours égoïste , et un égoïste ne sera jamais un bon Roi , car il n'est pas même un bon citoyen.

Les acquéreurs de domaines nationaux s'attendaient à être dépossédés. La masse des anti-royalistes avait renoncé à se voir employée dans le Gouvernement et les Administrations ; les Régicides enfin entendaient sonner l'heure de la vengeance. Louis est arrivé , la Charte à la main ; il a rendu la vie et l'espérance à tous les ennemis de son nom et de la Monarchie : il a pensé , qu'après plus de vingt ans d'absence , il devait se concilier les esprits de la Nation entière, et signaler sa venue par un grand acte de clémence. Mais ce qui a été un acte de clémence pour les uns, est devenu un acte de rigueur pour les autres ; ce qui a contenté ceux-là a donc dû mécontenter ceux-ci ; et il n'est pas démontré qu'une opération directement contraire eût été moins naturelle et moins juste (1).

____

(1) Le Roi avait, ce me semble, un moyen bien simple de contenter tout le monde, ou plutôt de ne mécontenter personne. C'était de ne pas prononcer les mots *biens nationaux* dans la Charte. Les acquéreurs n'auraient pu dire que leurs achats étaient attaqués; les anciens propriétaires n'auraient pu se plaindre que les ventes fussent consolidées: que serait il arrivé? les parties se seraient arrangées à l'amiable, parce que les nouveaux propriétaires, effrayés par le silence du Monarque, se seraient empressés de transiger avec les propriétaires dépossédés : ils auraient donné une somme pour voir ratifier leur vente, ou l'auraient reçue pour restituer les biens. Tout se serait passé tranquillement, sans discussion. Si d'anciens propriétaires avaient intenté des procès à des acquéreurs moins bénévoles, les tribunaux n'auraient pu accueillir leurs plaintes, et s'ils s'étaient permis des violences, des voies de fait, les lois étaient là pour les réprimer et pour les punir. Le Roi a cru devoir agir autrement ; c'est fini : il n'y faut plus penser.

Si le Roi eût connu l'état de la France , il aurait su que son retour seul était un bienfait inappréciable, auquel il devenait superflu de rien ajouter ; que la chûte du tyran entraînant nécessairement celle de ses partisans , ceux-ci ne pouvaient s'attendre tout au plus qu'à un simple pardon , et jamais à des grâces, à des faveurs, à garder, tranchons le mot , ce qu'ils avaient volé ; aussi les a t-on vus, de ce moment, relever audacieusement la tête (qu'ils avaient furieusement basse), reprendre leur attitude menaçante, et prouver, quelques mois après, combien leurs grandes ames étaient sensibles à l'excessive bonté du Roi , et en quoi consistait leur reconnaissance (1).

---

(1) Cet affreux système d'ingratitude existe encore aujourd'hui dans toute son intégrité, et il serait facile d'en citer de nombreux et tristes exemples. Il semble que ces hommes , si peu dignes du nom de Français, regardent les grâces du Roi, non pas comme l'effet d'une inépuisable clémence , mais comme une dette qui leur a été payée beaucoup trop tard ; ils ont l'audace d'attribuer des faveurs aussi déplacées à la crainte qu'ils inspirent : ces hommes , étrangers à tout sentiment d'honneur et de gratitude, ont pris leur règle de conduite dans l'ouvrage affreusement célèbre de M. de S., où on lit cette conversation : « Quoi ! c'est ainsi » que vous me traitez ? Vous êtes sourd aux prières,

Louis XVIII a été cruellement puni d'avoir jugé trop favorablement des hommes, et voilà pourquoi, sans violer les plus strictes règles de la justice, ce qu'il avait fait en 1814, il *pouvait* ne pas le répéter en 1815.

Si, en arrivant en juillet, ce Prince s'était fait précéder de la proclamation suivante, qui aurait voulu, qui aurait osé la blâmer ?

« Français ! en 1814, remonté sur le trône » de mes pères, j'ai voulu signaler ce retour » inespéré par l'acte de clémence le plus re- » marquable que l'histoire eût jamais consacré ; » j'ai voulu vous donner une constitution libre, » vous rendre partie intégrante dans le gou-

----

» aux larmes d'une femme qui vous a sauvé la vie ; je » devais compter sur votre reconnaissance. — N'est- » il pas vrai que lorsque vous m'avez rendu ce signalé » service, que vous m'avez sauvé la vie, vous avez » éprouvé un grand plaisir ? — Oh ! un plaisir inex- » primable ! — Une grande jouissance. — Ça été le » plus beau jour de ma vie. — Eh bien ! que venez- » vous me parler de reconnaissance ? Vous avez eu » votre récompense, vous vous êtes payée par vos » mains : nous sommes quittes : je ne vous dois rien. » C'est dans le plus infame des livres que ces monstres d'ingratitude (de quelque classe qu'ils soient) ont puisé leurs effroyables principes : source bien pure et bien digne d'eux.

» vernement de mes Etats, me lier, moi et
» mes successeurs ; n'user de la victoire que je
» devais aux armées alliées, que pour vous res-
» tituer des droits oubliés si long-temps, que
» vous réclamiez en vain, et dont je pouvais
» seul vous faire jouir. Mes intentions pater-
» nelles ont été méconnues : les uns m'ont
» payé d'ingratitude, en oubliant mes bien-
» faits, ma clémence, leurs sermens, et en
» protégeant le retour de l'usurpateur ; les
» autres, par une insouciance, une apathie
» moins criminelles, mais aussi funestes par
» leurs suites, ont cédé au torrent, et favorisé,
» par leur nullité, les complots de mes enne-
» mis. Obligé de recourir une seconde fois
» aux Souverains alliés, c'est par eux seuls,
» c'est par leurs armes que je remonte encore
» sur le trône de mes ancêtres. Français! je
» suis quitte envers vous; je retire ma charte
» que vous n'avez pas voulu défendre ; plus
» de Chambres, plus de Gouvernement re-
» présentatif : JE FERAI SEUL LE BIEN DE
» MES PEUPLES ». Paroles remarquables de
Louis XVI, qui n'a eu que le tort unique, mais
bien grave, de ne plus s'en souvenir.

On concevra difficilement comment la nation française, cette nation si éclairée, si en-

thousiaste d'une charte qui la vengeait de l'oubli de tant de Rois, comment elle ne l'a pas défendue de tous ses moyens. Pouvait-elle espérer qu'après l'affreuse catastrophe de mars 1815, si, par un nouveau miracle de la Providence, le Roi recouvrait une seconde fois sa couronne, il lui rendrait une charte qui le lie à jamais? Cette restitution (nullement obligatoire), est un acte de clémence inoui dans les fastes du monde, qui ne se reverra pas dans vingt siècles, parce que vingt siècles n'offriront plus un Souverain renversé de son trône depuis vingt ans, y remontant, renversé de nouveau, y remontant encore, et le tout en quinze mois.

Je n'ignore pas que beaucoup de gens sont imbus de l'idée que le Roi n'aurait jamais pu retirer sa Charte, que la Nation n'y aurait jamais consenti. 1°. La Nation avait-elle une volonté en juillet 1815? Le règne des cent jours avait prouvé le contraire; car, sans doute, si elle avait eu une volonté, ç'aurait été de défendre son Roi, la Charte, et de repousser le tyran dont elle avait, sans mot dire, porté les chaines pendant quinze ans. 2°. Depuis le 20 mars, la Charte était toute retirée; il fallait que le Roi la *redonnât*; ce qui est fort différent de laisser ce qui existe ; et, je le répète, l'é-preuve à laquelle nous avons mis notre Souverain, n'aurait pas réussi avec tous. Remercions-le d'un bienfait dont nous n'étions plus dignes.

On dit encore que ce nouvel état de choses (c'est-à-dire, l'ancien,) remis par le Roi, n'aurait pu durer long-temps : d'abord, je ne parle ni des dîmes, ni des priviléges, ni des droits féodaux dont le rétablissement est impossible ; ni de l'annullation des ventes de biens nationaux, qui entraînerait aujourd'hui des maux incalculables, et qui serait même physiquement impossible à opérer. La division à l'infini que ces biens ont subie, serait une source intarissable d'injustices et de procès, cette opération ne frappant plus qu'un très-petit nombre des premiers acquéreurs. Avec ces conditions, et quelques changemens relatifs à l'avancement militaire, et à divers objets susceptibles de réforme, j'ai le malheur de penser, et je crois pouvoir le dire sans crime , que le Gouvernement monarchique de 1789 durerait plus long-temps que notre monarchie constitutionnelle (1).

____

(1) J'y vois peut-être mal; alors ma prédiction tombe ; je ferai seulement observer à ceux qui ne lisent pas toujours bien, que c'est une simple opinion

Le Gouvernement représentatif est un sentier extrêmement étroit, bordé, d'un côté, par la République, et de l'autre, par le Despotisme (1): on marche quelque temps dans ce sentier, et l'on finit par se briser contre l'un des deux écueils. A la vérité, l'exemple de l'Angleterre combat mon système, puisqu'elle prospère avec ce gouvernement et les trois pouvoirs ; mais, d'abord sa localité, qu'il faut considérer comme le premier de ses avantages, la fera lutter plus long-temps, parce qu'elle s'oppose à ce que les étrangers se mêlent de ses affaires ; qu'elle lui donne la facilité de purger son sol des hommes dangereux, et de leur en interdire l'entrée. La France n'a pas cet avantage, et de plus, elle

que j'émets ; je n'appelle aucun changement dans le gouvernement actuel ; s'il peut durer, tant mieux : s'il doit finir, cet effet ne sera produit que par la force des choses, puisque non-seulement nul n'a le droit de coopérer à sa subversion, mais encore que tous les bons Français ont juré de le défendre.

(1) Tacite, qui a bien quelques droits à faire autorité, dit positivement que le gouvernement mixte est le pire de tous : il faut qu'il soit tout un ou tout autre : c'est une grande vérité ; Dieu veuille que nous ne soyons pas forcés de le reconnaître, et peut-être plutôt que nous ne le croyons !

consent, très-peu politiquement, à devenir le refuge de tous ceux qu'on chasse de chez eux, ou qui ont des raisons pour s'en éloigner : ce sont, très-rarement, de bonnes acquisitions. La France succombera donc, il faut le craindre, et dans cinquante ans, *plus ou moins*, elle sera une république, ou courbée sous le joug d'un despote légitime ou non. Je ne parle pas d'un démembrement, qui sera toujours d'autant plus à redouter, que nous serons moins unis. C'est parce que la possibilité, pour ne pas dire la nécessité, de l'une de ces révolutions me paraît démontrée, que la monarchie constitutionnelle (telle que nous l'avons) est à mes yeux un mode de gouvernement très-défectueux, et très-dangereux pour les peuples, qui le vantent, l'exaltent à outrance, comme des enfans, sans voir où il les mène.

Veut-on une preuve palpable du degré de confiance qu'inspirent aux banquiers, négocians, aux gens *à argent*, et la Charte et la parole du Roi, à laquelle sûrement il ne manquera pas? Demandez à un des *matadors* de la banque, 10,000 fr. à emprunter et à hypothéquer sur un bien d'émigré de 100,000 francs, vous ne trouverez pas un écu. La confiance de ces admirateurs de la Charte ne va donc pas jusqu'à compromettre leurs intérêts , lesquels pourtant ne seraient réellement pas compromis; là possibilité physique du danger suffit pour les retenir (1) : cette confiance n'est donc pas entière ; c'est là la véritable pierre de touche de l'opinion : croyez aux actions et non aux paroles.

Avant la rentrée du Roi, l'espoir était encore permis aux anciens propriétaires dépouillés ; la Charte a sanctionné, légitimé leur ruine , tout est dit ; ils se sont soumis. Non-seulement aucun d'eux n'a tenté la moindre démarche pour récupérer une partie de ses biens, ce qui eût été un délit; mais encore on n'a pas à leur reprocher l'ombre d'une plainte : ils se sont contentés de gémir en silence, et c'est une consolation dont il serait trop cruel de leur faire un crime. Mais cette Charte, si désolante pour

____

(1) Rien n'est impossible dans ce monde : le trône des Bourbons, la religion de nos pères, les lois qui nous régissaient depuis tant de siècles; tout cela était bien (ou le paraissait au moins) aussi solide que toutes les chartes : les Bourbons, la religion, les lois, tout est tombé; dans l'antiquité, des empires plus puissans que la France ont disparu pour jamais : y a-t-il donc ici bas quelque chose d'immuable, d'éternel?

les uns, si paternelle pour les autres, doit être exécutée rigoureusement, sans modifications arbitraires, sans commentaires, ou elle devient une arme à deux tranchans, et cesse absolument d'être un bienfait pour la France. Si l'on porte une main profane sur l'arche sainte, le prestige est détruit, et tout l'édifice croule. Hélas! que d'atteintes elle a déja reçues, et quand s'arrêtera-t-on?

Est-ce la Charte qui permet ces vexations journalières dans toutes les parties du Royaume, de la part des agens, même les plus subalternes, des gendarmes, des douaniers, des percepteurs d'impositions, des commis de barrière, des conseils de la garde nationale, etc. etc. (1), dont il est impossible d'obtenir la moindre satisfaction, ces gens-là ayant toujours raison? Est-ce la Charte qui permet de mettre au secret, dans un cachot infect, et pendant des mois entiers, un accusé reconnu ensuite innocent, et de ne lui accorder aucune sorte de réparation? Est-ce la Charte qui permet ces destitutions

____

(1) Leur sévérité tient beaucoup du despotisme, et quelquefois de l'injustice; ce service n'est pas assez amusant pour ajouter encore à des désagrémens inévitables.

journalières, soit dans le militaire, soit dans le civil, lesquelles tombent toujours sur les Royalistes, c'est-à-dire, les seuls amis du Monarque et de la Légitimité, pour placer des Ministériels ou des Jacobins, également ennemis des Bourbons, quoique différant en principes (1) ? Est-ce là Charte qui permet ces déplacemens, sans informer seulement le destitué de son crime ; et sans lui accorder d'être jugé, lorsqu'il consent à courir les risques d'une enquête judiciaire (2) ? Est-ce la Charte qui permet ces

____

(1) Si ces opérations avaient lieu dans un sens inverse, les journaux jacobins n'auraient pas assez de place pour injurier les ministres qui leur ôteraient ce qu'ils ont si bien mérité.

(2) Une observation assez curieuse est celle-ci : nous avons un gouvernement représentatif, une monarchie constitutionnelle, une charte qui, fixant des limites à la puissance du Roi, et à plus forte raison des ministres, proscrit toute mesure arbitraire; en un mot, nous sommes libres. Avant la révolution, le roi de France était absolu, despote, même tyran, puisque Louis XVI et ses prédécesseurs sont proclamés tels par la horde jacobine dans ses dégoûtantes diatribes : les Français étaient donc esclaves; car où règne un tyran, il n'y a que des esclaves. Voilà les deux gouvernemens bien établis de fait.

Comment se faisait-il que, sous le gouvernement

insultes grossières contre la religion et la royauté, insérées journellement et impunément

---

despotique, absolu, tyrannique, jamais on ne vit de destitutions arbitraires, c'est-à-dire, sans motif connu, soit dans le civil, soit dans le militaire? Si l'on excepte M. de Moreton, colonel de la Fère, destitué par M. de Brienne en 1788, sans que le public ait su pourquoi, on ne citera pas un autre exemple peut-être, en cent ans, de général, d'officier supérieur, de commandant de place, d'intendant, d'administrateurs destitués sans cause connue; et, quoique M. de M. ne jouît pas d'une grande considération personnelle, l'injustice commise à son égard, mécontenta et indigna toute l'armée. Or, des ministres non-responsables, qui n'avaient de compte à rendre qu'au Roi, *et non à la Nation*, ne se permettaient point ces voies de fait si familières au despotisme, ainsi que nous l'a clairement prouvé le grand Napoléon.

Comment se fait-il que, sous un gouvernement représentatif, paternel, constitutionnel, qui protége les citoyens, qui met des bornes au pouvoir si long-temps illimité des rois, qui consacre la responsabilité des ministres, comment se fait-il que depuis qu'il existe, nous soyions témoins de destitutions arbitraires dans tous les emplois militaires et civils? Que de généraux, de commandans de provinces et de places, d'officiers supérieurs et subalternes, de préfets, de sous-préfets, d'administrateurs de toute espèce, grands et petits, congédiés brusquement, sans qu'eux-mêmes sachent dans les journaux et pamphlets libéraux, ces affreux dépôts d'ordures et d'infamies ? Est-ce la Charte (dont la liberté des Cultes est un des articles,) qui permet les voies de fait qui ont eu lieu à Brest, contre l'évêque et les missionnaires : les vociférations et les chants impurs et blasphématoires qu'on a entendus à Saint-Malo, en plein théâtre (1) ? Est-ce la Charte

---

pourquoi ? Et ces violations de la charte n'ont pas lieu par exception (comme pour M. de Moreton), mais ont lieu *journellement, continuellement* et *généralement.* Si je ne craignais pas qu'on me dît comme Molière : *Ces trois adverbes joints font admirablement,* j'en ajouterais un quatrième, qui serait *impunément.* Enfin, je désirerais qu'un libéral ou un doctrinaire m'expliquât la cause de cette étrange disparate que je viens de livrer aux réflexions de mes lecteurs.

Si cependant les destitués disaient : *Sous la monarchie absolue, on ne destituait pas sans motif ; sous la monarchie constitutionnelle, on destitue : j'aime mieux la première ; et si elle doit revenir, je ne m'y opposerai pas :* que pourrait-on leur répondre ?

(1) Non : la charte ne les permet pas ; mais permet-elle aux fonctionnaires publics de les tolérer, même de les encourager, comme en vérité ils en ont eu l'air à Brest, à Saint-Malo, et ailleurs ? Si un ministre protestant ou un rabbin étaient insultés dans leurs temples, comme la charte serait invoquée par les libé-

B

qui permet..... mais en voilà assez ; car je ne finirais plus.

En dernier résultat, la Charte a été faite pour tous les Français ; depuis qu'elle existe, ses avantages ont été pour les anciens serviteurs de Bonaparte, ou pour ceux qui voudraient le servir, c'est-à-dire, pour les anti-royalistes divisés en huit ou dix classes différentes de noms, et se réunissant pour l'expulsion de la Dynastie régnante (1). Tous ces gens-là sollicitent des emplois, des grâces, des pensions ; chacun a l'air persuadé qu'il les mérite ; aucun de ces solliciteurs égarés par le délire de l'impudence, ne s'aperçoit qu'il s'adresse au Prince contre lequel il a combattu et servi pendant vingt ans, que, jusqu'en mars 1814, il eût condamné

---

faux ! Ce n'est pas qu'ils soient ni protestans, ni juifs ; ils ne sont rien qu'ennemis du catholicisme, parce qu'il est la religion de l'Etat et celle des Bourbons. Jésus-Christ, Calvin et Mahomet, sont égaux à leurs yeux : leur patron Bonaparte professait, comme on le sait, la religion du pays où il se trouvait.

(1) Selon eux, les lois absurdes, mais favorables aux jacobins, font partie de la charte (les lois des élections et du recrutement, faites bien long-temps après) : il n'y faut pas toucher ; pour la liberté des cultes, elle n'est pas dans la charte !

et fusillé, sur un signe de l'usurpateur : c'est
à ce prince qu'ils demandent des récompenses,
eux à qui il n'a pas tenu qu'il ne rentrât jamais.
Convenons que s'il y a quelque chose de plus
extraordinaire que de voir de pareils hommes
demander des grâces, c'est de les leur voir obtenir.

Revenons encore à l'Angleterre ; beaucoup
d'écrivains concluent, d'après son exemple,
que la France peut aussi prospérer sous un
gouvernement constitutionnel ou représentatif.
J'ai déjà fait sentir quelle différence existe entre
les deux royaumes. Voici un autre point de
vue sous lequel aucun politique n'a, je crois,
envisagé la question, et qui combat victorieu-
sement la conséquence qu'on a tirée trop légè-
rement.

L'Angleterre est isolée par la mer ; sa posi-
tion topographique ne lui permettant pas d'ê-
tre une puissance territoriale, toutes ses vues
se sont tournées vers le commerce, dont l'é-
tendue et la prospérité ont naturellement créé
sa force navale, parce qu'il a fallu protéger ce
commerce, unique ressource de cette grande
nation : elle n'est donc guerrière que sur
mer.

La France, par sa situation, toute différente , par les intérêts qu'elle doit ménager , pour sa sûreté, si ce n'est pour sa gloire , a dû toujours entretenir de nombreuses armées. Sa population , ses ressources, sa prépondérance en Europe ne lui ont jamais permis de s'écarter de ce système, et ne le lui permettront jamais ; bien moins aujourd'hui , à cause de la sainte alliance , qui rend solidaires tous les peuples , et soumet invinciblement tous les Souverains à la volonté du plus grand nombre (1). Elle aura toujours sur pied une armée considérable. La différence est donc bien établie entre

----

(1) Cette conclusion paraîtra dure à nos politiques libéraux, qui ont toujours l'air de croire que les étrangers ne peuvent se mêler de nos affaires : ils *le peuvent* et ils *le doivent*, lorsque nous donnerons à leurs souverains des craintes fondées sur leur tranquillité , lorsque nous tenterons d'asservir leurs peuples à nos funestes doctrines. Si des circonstances (qui ne seront jamais que l'ouvrage des indépendans) les forçaient à des *voies de fait* déjà employées, les libéraux ne négligeraient aucun moyen pour engager tous les Français à se défendre, comme Bonaparte les y engageait en 1814 ; car les jacobins se croyent la nation, lorsqu'ils n'en sont que l'écume et la lie : mais les Français, convaincus qu'ils ne combattraient que pour la canaille , se tiendraient tranquilles et feraient for t bien.

les deux Royaumes et les deux Monarchies constitutionnelles.

Les Rois sont les Chefs naturels, suprêmes, inamovibles de toutes les forces de l'Etat; mais en Angleterre, le Souverain n'a que des flottes à commander, ce qui est impraticable. Ses forces de terre sont peu de chose, si on les compare à celles des Puissances continentales; et de plus elle n'a rien à démêler avec le continent. Les dernières campagnes de la révolution font une exception à la règle, qui ne se renouvellera plus: ainsi, le Souverain qui voudrait abuser de son ascendant sur les troupes de terre, pour renverser le Gouvernement représentatif, n'étant point connu d'elles, ne le pourrait pas; il n'aurait point combattu à leur tête; et sans ce préliminaire, il est impossible de tenter une pareille opération.

Il n'en est pas de même en France : le Roi, comme Chef d'une nation nécessairement militaire, doit être, non pas conquérant (il n'en faut plus), mais guerrier. Si l'on en doute, qu'on jette les yeux sur tous les règnes, depuis trois et quatre siècles; ceux qui ont vu des guerres, nous offrent nos Rois fréquemment à la tête de leurs armées. Henri IV a combattu pour reconquérir ses états ; mais Louis XIII aurait pu se dispenser de commander ses troupes , et d'assister , en personne , à un grand nombre de siéges , dans ces guerres si malheureuses , puisque les Français combattaient contre des Français. Louis XIV a fait plusieurs siéges en Flandre , et la conquête de la Franche-Comté : il était connu de ses soldats (1). Louis XV , qui n'avait pas l'humeur guerrière , s'est montré à ses armées dans plusieurs campagnes , et s'est exposé, notamment à Fontenoy. Plût à Dieu que Louis XVI eût imité ses prédécesseurs ! N'ayant eu à soutenir qu'une guerre de mer (faute impardonnable , et si cruellement punie), il devait donc , mé-dira-t-on , déclarer la guerre au premier venu? Oui , en 1789 ; mais en 1784 , il avait eu une occasion de la faire justement au Roi de Prusse, lors de son invasion en Hollande : ses Ministres l'ont empêché de suivre les lois de la poli-

____

(1) Ce prince avait assisté à plusieurs camps de paix : c'est encore un moyen de se montrer à leurs troupes, que les souverains ne devraient pas négliger ; ils ignorent souvent ce que peut un monarque aimé de ses soldats : mais *aujourd'hui* , pour l'aimer , il faut qu'ils le connaissent.

Le duc de Bourgogne, le dauphin, père du roi, ont été à l'armée : la présence de M. le comte d'Artois au siége de Gibraltar, fit le meilleur effet dans toute l'armée, quoiqu'il n'y eût que quatre de nos régimens.

tique et de l'honneur, qui marchent si rare-
ment ensemble. La France s'est déshonorée,
et la Prusse a profité de notre insouciance et
de notre pusillanimité. Lorsque j'aurais voulu
cette guerre de 1784, j'ajoute pour condition,
que le Roi aurait paru à la tête de son armée :
mais il ne l'aurait pas fait, et l'effet de cette
guerre eût été nul ; au lieu que celle qu'il eût
déclarée en 1789, même sans sa présence, ajour-
nait la révolution indéfiniment, quoique puis-
sent dire ceux qui prétendent qu'elle était iné-
vitable, et cela parce qu'elle est arrivée : ex-
cellente raison !

Il est donc constant que le Gouvernement
représentatif, ou la Monarchie constitutionnelle, peuvent, sinon convenir absolument,
au moins exister dans des pays qui n'ont
point d'armée ; que dans ceux où il en existe
de considérables en permanence, le premier
Souverain guerrier (et aujourd'hui ils sont
forcés de l'être), s'il est connu, aimé de ses
troupes, s'il a vaincu à leur tête, le renver-
sera quand il lui plaira. Il convient donc bien
moins à la France qu'à l'Angleterre, ou pour
mieux dire, il ne lui convient pas du tout. Je
n'en veux d'autre preuve que la manière dont
vont les choses, depuis que nous en jouissons.
Ce n'est pas la faute du Gouvernement, disent

ceux qui l'approuvent ; c'est celle des Gouvernans : je le veux bien, et je les prends par leurs
paroles. Voici la conclusion que j'en tire : un
Gouvernement qui permet à des Gouvernans
de mal gouverner, ne sera jamais *bon*.

L'affreux attentat du 13, que tout prouve
être l'effet d'un vaste complot, jusqu'aux ré-
ponses échappées à l'assassin, a pourtant pro-
voqué des mesures contre les infernales doctrines des journaux jacobins, qui ont armé le
bras du nouveau Ravaillac. Fallait-il donc attendre d'y être forcés par une catastrophe aussi
épouvantable, et mépriser les avis journaliers
des vrais amis de la monarchie? Quelles seront
ces mesures, et que produiront-elles? Ce qu'il y
a de certain, c'est que si la liberté de la presse
est *inséparable* de la charte ; si la licence effré-
née des ennemis de l'autel et du trône (capable
à elle seule, non-seulement de balancer, mais
encore d'anéantir les bienfaits de toutes les
chartes) est *inséparable* de cette liberté; si une
scandaleuse et criminelle impunité est *insépa-*
rable de cette licence ; *si les trois choses sont*
indissolublement unies, il faut prier le ciel de
nous délivrer de la charte et d'en préserver les
nations qu'il ne voudrait pas punir !